MACACOS

MACACOS

MONÓLOGO EM 9 EPISÓDIOS E 1 ATO

Clayton Nascimento

Sumário

MACACOS,
por Dione Carlos   9

MACACOS   13

Nascido para brilhar,
por Marcelino Freire   63

Dedico este texto a minha mãe, Dona Maria do Carmo, que partiu tão cedo no tão específico ano de 2020, a qual, assim como tantas outras Marias deste Brasil, soube com mestria como alimentar os corpos, as garras, as asas e os sonhos de suas crias.

Um obrigado especial aos amigos Ana Maria Miranda, Gláucia Rebouças, Ailton Graça, Lígia Cortez, Naruna Costa, Laruama Alves, Jhonny Salaberg, Danielle Meireles, Lui Seixas, Dione Carlos, Ulisses Dias, Luana Lessa, Tainã Miranda e Marcelino Freire pelo suporte e pela crença não somente no artista, mas também na obra *MACACOS*. Vocês, ao longo dos anos, firmaram na minha carne a importância de estarmos vivos e juntos; de sermos artistas-artesãos; de acreditarmos no nosso trabalho; e, principalmente, de sabermos sempre quem somos e de onde viemos.

MACACOS

Assisti a *MACACOS* alguns anos atrás, no Centro de Culturas Negras do Jabaquara (São Paulo), situado em um histórico bairro, reduto de resistência negra e indígena. Testemunhar este trabalho, que toca na ferida histórica do trauma colonial brasileiro em um lugar com tamanha memória só me fez vivenciar ainda mais aquela experiência. Clayton Nascimento, esse ator, performer, uma das vozes mais bonitas do teatro brasileiro, coloca em cena sua dolorosa experiência com o racismo ao ser acusado de assaltante enquanto era a vítima do roubo em questão, a ponto de ter seus bens saqueados enquanto era espancado pelo casal de assaltantes e por pedestres que testemunharam a cena e acreditaram ser ele o bandido. É a partir dessa dor sentida literalmente na pele, que Clayton nos convida a refletir sobre o processo histórico de desumanização dos ditos "outros". Um sistema que permite uma violência como a que ele viveu, em uma das maiores avenidas de São Paulo, a Avenida Paulista, lotada de testemunhas que jamais questionaram qual seria o verdadeiro papel dele naquela cena. Sendo negro, só poderia ser culpado. É a partir dessa dor que ele constrói sua narrativa, trazendo aspectos históricos da história da escravidão neste país, erguido sobre a exploração de pessoas negras e indígenas. A revelação do fato acontece após algum tempo de peça, o que só aumenta o incômodo e a revolta diante do que ele nos mostra, e o faz com sua incrível voz de narrador, seu corpo de performer, que se ergue após a dor do trauma, ele mesmo narra que foram meses de cama, sem conseguir se mover. É a partir desse fato, que poderia ter nos roubado este talento, que ele se coloca em cena para compartilhar com a sociedade as raízes envenenadas de nossas origens coloniais.

A dramaturgia deste trabalho parte de uma autoficção para estruturar uma narrativa com elementos épicos organizados cenicamente pela figura de um narrador potente, que atravessa tempos, viajando pela parte oculta, perversa, nada heroica da história. A dramaturgia de Clayton evoca também as potências negras. Elza Soares, Bessie Smith, Machado de Assis, dona Maria do Carmo (mãe de Clayton) estão em cena com ele, sendo convocados, incorporados pela presença magnética do ator/performer. A memória de pessoas vítimas desse sistema racista assassino também está ali. Pessoas como Claudia Silva, baleada ao sair de casa para comprar pão, colocada dentro de um carro de polícia e que teve seu corpo arrastado pelas ruas do Rio de Janeiro após cair do camburão é evocada. Clayton compartilha com o público reflexões como esta, resultado de dados concretos: "Se fizermos uma rápida divisão entre 388 anos de escravidão divididos por 521 anos de Brasil, teremos cerca de 69% da nossa história toda pautada em escravidão. Se dividirmos cerca de 40 anos de democracia por 521 anos de Brasil, teremos apenas 7% da nossa história pautada em democracia." A questão da maternidade solo, nesta mátria que é o Brasil, também não está de fora da narrativa. Clayton faz questão de frisar isso como resultado de uma outra estrutura que também mata: o machismo.

"Macaco", a expressão usada como xingamento contra pessoas negras, muito utilizado contra jogadores de futebol negros, como presenciamos diversas vezes, atua como título desta dramaturgia e é ressignificado com um "recadinho final" que anuncia a união deste bando de "macacos", daí a palavra no plural. Nesse sentido, somos muitas, muitos, um bando de pessoas fartas deste sistema que nos persegue e mata, ora fisicamente, ora simbolicamente — as violências são muitas. As narrativas que envolvem apagamento e silenciamento de pessoas consideradas "outras", e entre elas podemos citar as pessoas subalternizadas por esse sistema que não nos ouve, são muitas. Escrever, inscrever-se, é garantir o direito à própria existência falando e não sendo objeto da visão desumanizadora que tentam nos impor. Diante disso, deixo aqui registrada a minha admiração e o meu amor por esse artista formidável, um homem com a voz de Deus, como eu costumo dizer sempre que o encontro. Como dramaturga e roteirista, sonho com muitos textos sendo ditos por ele. Como colega, artista, desejo vê-lo em cena atuando, cantando, encantando. Que bom tê-lo aqui, como agradeço por isso. Que a sua potência siga nos inspirando e que as pessoas prestes a lerem este texto o façam com olhos, ouvidos e coração abertos. Bons ventos nos guiem. Despertemos!

Dione Carlos

MACACOS

de Clayton Nascimento

MACACOS estreou no Teatro Popular Oscar Niemeyer, em 25 de setembro de 2016, integrando o festival de teatro Niterói em Cena, em Niterói, RJ.

Interpretação, direção e dramaturgia
Clayton Nascimento

Direção técnica e iluminação
Danielle Meireles

Provocação cênica
Ailton Graça

Direção de movimento
Aninha Maria Miranda

Produção geral
Ulisses Dias — Bará Produções

Produção executiva
Corpo Rastreado

Dramaturgia-denúncia escrita por Clayton Nascimento no período entre 2015-2021.

Esta obra é sem cenários e dividida em episódios apenas por uma questão dramatúrgica.

Em caso de montagem, faça o melhor para você e para a obra, o seu corpo é livre.

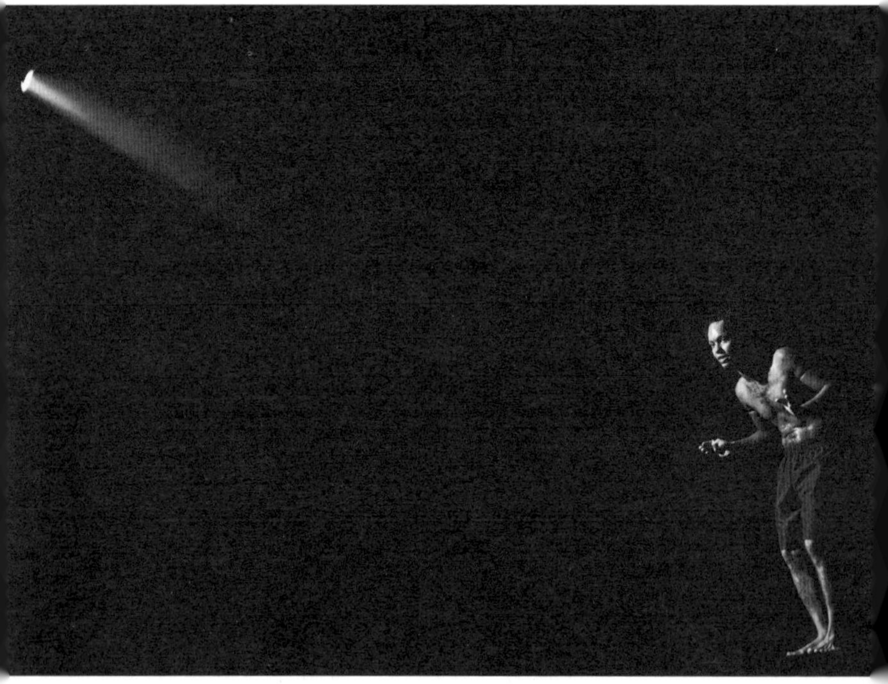

Episódio 1: Um macaco

Blackout.

Voz em off.

Ouvem-se insultos, como se de uma massa popular aos gritos de "macacos".

A luz se acende vagarosamente, ao que revela o ator aos xingamentos como se numa torcida de time, ou xingos cotidianos.

Esses xingamentos devem perdurar, serem longos, incômodos.

MACACOS! MACACOS! MACACOS! MACACOS! MACACOS! MACACOS! MACACOS! MACACOS! MACACOS! MACACOS! MACACOS! MACACOS! MACACOS! MACACOS! MACACOS: CHEGA!

MACACOS: Substantivo masculino no plural.
MACACOS: Palavra de origem africana utilizada para designar os símios ou primatas.

macacos: Aplicado no Brasil para um grupo dos cebídeos. Tipo de mamífero primata que vive no coletivo.
macacos: Jamais deve ser aplicada aos seres humanos.
macacos: É um dos xingamentos mais populares do mundo.

Se sabemos como tem acabado a vida do negro no Brasil nos últimos anos, nós já sabemos como acabará esta peça. Então, avise a todos: *o macaco chegou.*
Mas o macaco antes de ser macaco, ele, pelo menos aqui nesta peça, o macaco vai escolher quem ele quer ser. Escolher ser. O macaco pode então se chamar Wellington, Washington, Jonathan, Claudia, Cleusa, Clayton, Danielle, Jhonny. Mas o macaco pode também escolher ser o Betinho, escolher ser o Cadu, ser o Amarildo, a Agatha. Mas o macaco, ele também pode ser (como numa espécie de ilusão), o macaco também pode ser uma estrela.
Claro! O macaco pode ser uma estrela.
Uma estrela da música. Uma estrela da música nacional!

Rompante. Como num grande sonho.

O macaco interpreta "A carne", de Elza Soares. Volta, continuando o sonho.

É isso. O macaco pode escolher. Pode escolher ser e sonhar.

O macaco pode então ser internacional se ele quiser, é isso, importado, gente da alta, o macaco pode então ser uma diva. Do jazz. Claro! Uma diva do jazz. Isso. Uma diva do jazz dos anos 20. Internacional. A Bessie Smith!

Rompante. Uma nova digressão. Agora, está como num grande show da Bessie Smith por volta de 1920. "Down and out".

Nobody knows you. Ninguém te conhece.
When you are down and out. Quando você está por baixo e desligado.
In my pocket, not one penny. No meu bolso, não há um centavo.
And my friends I haven't any. E amigos, não tenho.
E todos batiam palma pra Bessie Smith.

O que ninguém entendia, nem a própria Bessie entendia, é por que que enquanto essas pessoas a aplaudiam, outras, nas ruas, a chamavam de gorda, bêbada e agressiva.
Então, aqui, nesta peça, o macaco vai escolher ser a Bessie Smith e vai cantar em português o que a artista sempre quis ter cantado:

Novo rompante. Uma nova digressão. O macaco canta a mesma melodia em português.

Lambam o meu ingovernável cu preto.
[*ainda no sonho*] Bessie Smith, uma cantora de jazz que, durante uma turnê do norte para o sul dos Estados Unidos, sofreu um acidente de carro, teve o braço decepado e o atendimento negado dentro de um hospital público. Branco.
[*ainda enquanto diva*] Eu não tive sorte. Não tive filhos. Não deixarei a nenhuma criaturinha o legado que é a miséria humana. Eu não tive sorte. Não tive filhos. Não deixarei a nenhuma criaturinha o legado que é a miséria humana.
É bonito isso, não é?

Isso é Machado de Assis.

Preto. Filho da empregada. Filho do pintor. Letrado somente porque ele era autodidata e precisou aprender sozinho para conquistar um primeiro emprego.

Escreveu as primeiras palavras enquanto via a mãe trabalhar: servindo.

Ué, então se o macaco sonha e escolhe, então agora ele escolhe ser uma dessas criaturinhas.

Episódio 2: Uma criaturinha

CRIANÇA:

Então, já agora, eu sou uma criatura. Estou aqui. Brincando na porta da minha casa.
Ali é a porta de entrada. Ali é a janela de casa.

Tio, o meu quintal é maior que o Mundo.

Às vezes, a minha mãe aparece ali na janela e diz assim:
Minino Eduardo, criatura, tu não vai entrar pra dentro de casa pa tu comê não, minino, que eu fiz comida pa tu comê e tu que não entra pa comê, tu vai entrar ou não vai entrar, minino?
Eu olho pra ela e digo assim: Ô mainha. Vô, não.
E daí eu começo a brincar.
Eu brinco de casinha, de lutinha, brinco de carrrrrrrrrrrrrrrinho.
[*e num novo sonho, o macaco, agora criança, brinca*]
Numa dessas tardes, aqui brincando, a Polícia Militar vai brincar também: de polícia e ladrão. Eles são a polícia. Eu sou o ladrão. [*estampido*]

Tio, uma bala perdida vai vir achar morada aqui ó: na minha cabeça.

Daí, tio, parte da minha cabeça vai parar ali. Na porta da minha casa.
A minha mãe? Ela não vai entender muita coisa, não, tio.
Ela vai tá dormindo, tio. Não vai entender muita coisa.
Mas ela vai acordar, tio. Vai acordar com o barulho, mas não vai entender muito, tio, ela vai ver fumaça e muita confusão, não vai entender muito, tio, mas ela vai vindo em minha direção, mas não vai entender muito, muita fumaça, tio, ela vai me encontrar aqui no chão, tio, tentando enten...

MÃE:
Que diacho é esse na porta da minha cas...?
Que foi, gente? Meu diacho, Jesus Cristo. Minha Nossa Senhora. Seu Antonio? Que foi, seu Antonio? Não tô entendendo, seu Antonio, fala mais alto.
Tiro? Que tiro, Jesus? Morreu? Mas quem morreu, gente?

A mãe vê o corpo-criança.

MÃE:
Ai, meu Jesus. Diacho.
Ai, minha Nossa Senhora. Meu São Judas Tadeu.
Que diacho, meu Deus! Que que é isso aqui, meu Deus?! Que diacho é isso, meu Deus?!

POLÍCIA:
Minha senhora. É melhor a senhora voltar pra sua casa.

MÃE:
Daqui eu não saio, porque daqui ninguém me tira.

POLÍCIA:
Minha senhora. A Polícia Militar sabe o que faz. A polícia entra na favela para matar filho de ladrão.

MÃE:
Ladrão? Eu trabalho a vida inteira, e eu que sou a ladrão? Então me mata. Me mata. Então me mata! Eu, a doméstica, sou a ladrão. Atira! Me mata!

POLÍCIA:
Minha senhora, isso é desacato. Nós estamos aqui agindo sob a lei.

MÃE:
Atira. Atira! Não me encosta. [*começa um burburinho entre vizinhos, a Mãe e a Polícia Militar*] Vem, meu filho, vem. Não me toca. Não encosta em mim. Eu não vou sair daqui. Não me encosta. Daqui eu não saio.

POLÍCIA:
Minha senh... [*o burburinho aumenta*]

MÃE:
Não vou! Não vou sair daqui. Eu não vou.

Tumulto. Confronto direto entre a Polícia e a Mãe Ladrão. Choro e gritaria. Pedidos de calma pela vizinhança. O embate corporal se intensifica ainda mais, envolvendo agora a Mãe, Polícia, seu Antônio, moradores e o corpo-criança.

MÃE:
Eu não vou. Gente, me ajuda. É meu rebento. Eu não. Eu não vou. Eu não vou sair. Sair não vou. Daqui. Eu não vou.

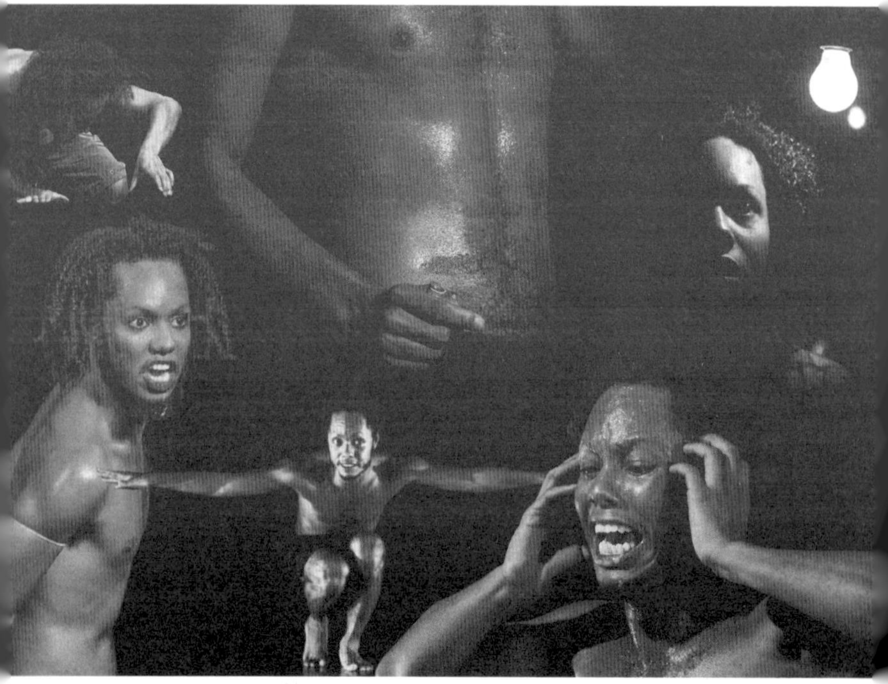

Episódio 3: Uma mãe

Neste episódio, faço uma adaptação do texto "A paz", de Marcelino Freire.

Eu não vou não.
Porque eu não sou da paz.
Não sou da paz.
Não sou mesmo não.
Não sou. Paz é coisa de branco. De rico. Então não vou.
Não visto camiseta nenhuma com golarinho em v não senhor não solto pomba nenhuma não senhor não uso tênis nike não senhor não vou pra manifestação tomando champanha não senhor então não me venha o senhor na porta de minha casa me pedir para chorar mais porque eu não vou secou essa tua paz é uma desgraça uma desgracera uma desgraça e essa tua paz marcha marcha marcha marcha marcha marcha pra onde pra onde marcha pra onde quer chegar essa tua paz tem hora marcada vem com governador prefeito senador e vem até jogador vem até jogador de futebol o que é que eu quero com jogador de futebol se os menino cresceram tudo aqui a paz me deixa doente a paz é como uma dessas senhoras que passam por mim eu dou bom-dia mas que nunca olham na minha cara a paz não mora aqui no meu tanque no meu fogão no meu salário na geladeira porque a tua paz é muito branca a tua paz é pálida a tua paz precisa de sangue pra ficar rubra nem que a paz venha aqui bater na minha porta eu não abro eu não deixo entrar porque aqui a paz está proibida proibida a paz só aparece nessas horas em que a guerra é transferida agora é que a cidade se organiza

para salvar a pele de quem a minha é que não é eu é que não vou levar a foto do menino lá embaixo ficar esfregando na avenida a minha ferida muito menos ao lado de polícia não vou tá pensando que eu vou virar notícia no jornal pra qualquer um não vou virar notícia no jornal pra qualquer um eu não vou tá pensando que vai me ver lá embaixo sambando o samba da mãe brasileira não vai não vai me ver dançando o samba da mãe brasileira não vai a minha vontade é de sair gritando, urrando, soltando tiro juro meu Jesus matando todo mundo eu matava todo mundo todo mundo pode ter certeza mas eu não vou eu não vou porque a paz é que é culpada a paz é que não deixa eu não vou quem vai é o senhor embora da porta da minha casa eu não vou virar notícia no jornal pra qualquer um vá o senhor vá embora vá vá o senhor eu não vou virar notícia pra qualquer um vá embora. Vá embora!!!!

Episódio 4: Uma notícia pra qualquer um

... e a Terezinha virou notícia num jornal para qualquer um.
[*em tom jornalístico*] Terezinha Maria de Jesus, mãe do menino Eduardo de Jesus, assassinado aos 6 anos pela Polícia Militar do Estado do Rio de Janeiro em 2015, precisou se mudar de estado após a morte do filho. O seu casamento acabou. No final de 2016, a Justiça brasileira julgou o caso Eduardo de Jesus e decidiu que todos os policiais envolvidos no caso estavam absolvidos. Por legítima defesa. O caso foi arquivado.
No dia 5 de dezembro de 2019, o delegado do caso menino Eduardo de Jesus se tornou réu. Foi acusado de corrupção.

Fim do jornal.

Desde que a peça MACACOS estreou, por volta de 2016, eu fui me aproximando cada vez mais de Terezinha. Eu ainda me lembro de que na apresentação da peça no Teatro Baden Powell, em Copacabana, a poucas horas da apresentação, chega uma jovem senhora, muito bonita, vívida, de sorriso largo, de braços dados com uma amiga e rodeada de algumas crianças:
— Boa tarde. Eu sou Maria Terezinha. Mãe de Eduardo. Vim falar com o ator. Soube que ele tá falando de mim na peça.
A Terezinha me contou sua história. E notei que ela tinha detalhes bastante diferentes de tudo o que eu já havia lido para preparar essa peça.

[*como se numa lembrança repentina*] Nessa semana, essa última que passou, eu falei para a Terezinha que eu estaria aqui, fazendo a peça pra vocês...

TEREZINHA:
Meu fi, será que eu posso escrever uma carta pro povo do teatro?

MACACO:
Claro, Terezinha! Por favor, escreva!

TEREZINHA:
Mas meu fi, posso mesmo escrever o que eu quiser?

MACACO:
Mas é claro, Terezinha! Eles vão adorar te ouvir!

TEREZINHA:
Mas meu fi, posso escrever mesmo?

MACACO:
Terezinha, minha filha, escreva! De uma vez! Ponha as letras no papel, mulé! Abre o coração porque no teatro você pode ser o que quiser!

Essas últimas falas podem sempre ser alteradas para o "aqui e agora" de cada apresentação, tempo e cidade, no intuito de gerar comicidade.

TEREZINHA:
Então comece minha carta assim…:
Filho?!

Clayton me disse que no teatro a gente pode sonhar.
Então eu resolvi sonhar e escrever pra você.
Tô com tanta saudade.
Saudade da tua risada de muleque no meu colo, do teu cheirinho de criança.
Você não chegou a fazer nem 10 ano comigo.
Isso é injusto.
Eu queria tanto fazer a sua festinha de 10 ano.
Ia ser do Ben 10. Pra combinar o 10 com 10.
Eu sei que você gostava.

O seu Antonio, o vizinho, esses dias, me lembrou de uma história nossa na feira.

O MENINO EDUARDO DE JESUS:
Ô seu Antonio, o senhor é peixeiro, é?

SEU ANTONIO:
É, Eduardo... Sou peixeiro.

O MENINO EDUARDO DE JESUS:
E peixeiro pesca, é?

SEU ANTONIO:
É, Eduardo... Alguns peixeiros pescam...

O MENINO EDUARDO DE JESUS:
Pesca muito ou pesca pouco?

SEU ANTONIO:
Ah, Eduardo...

O MENINO EDUARDO DE JESUS:
É muito ou é pouco?

SEU ANTONIO:
Ah... Pesca muito, Eduardo!

O MENINO EDUARDO DE JESUS:
Então me vê um quilo de tubarão pa minha mãe.

MÃE:
Eu ainda rio de você, menino enxerido. [*pausa*] E eu também ainda sinto saudades de você.
Às vezes. Eu. Ainda. Choro por você. Mas é só um cadinho. E às vezes. Eu choro, sim.
Não se esquece de mim, não, menino? Que sou sua mãe? Esquece?
Sabe aquela oração? Santo Anjo do Senhor?
Decorei. Todinha. Pra você.
Santo Anjo do Senhor,
meu zeloso guardador,
se a ti me confiou...
Não se esqueça de mim? Eu te amo.
Peste.
Ó, sua mãe é uma leoa.
E um dia nóis vai tá junto, viu?
Eu te amo, meu filho.

Um beijo meu, meu menino.
Assinado: Maria Terezinha de Jesus. Tua mãe.
Para: Menino Eduardo de Jesus. Meu filho.

A mãe manda um beijo para o ar e se despede da imaginação.

Joselita de Souza, mãe de Roberto de Souza, o Betinho!
Assassinado aos 16 anos em Costa Barros com 111 tiros da polícia, enquanto saía com os amigos para gastar seu primeiro salário de Jovem Aprendiz. Cento e onze tiros.
Após a morte do filho, a mãe, Joselita, não aguentou a dor e foi internada.
O salão de cabeleireiro, que ela tanto sonhou abrir, fechou.
Nessa última semana, essa mesma que passou, o seu filho mais velho, Vinicius, foi visitar a mãe no hospital.

VINICIUS:
Mãe?! Posso entrar?

Silêncio.

VINICIUS:
Oi, mã, vim te visitar.
Mã, tá todo mundo lá na quebrada perguntando quando é que você vai abrir o Joselita's Hair de novo.
Mãe, a senhora sempre foi tão alegre. Tão extrovertida, não é assim que você fala?!
Você mudou tanto, mã. Ele era o seu caçula. Mas eu fiquei, mãe.
Mã?

[*silêncio de Joselita. O filho Vinicius retoma*] Mã, lembra quando você se fantasiava de palhaça pra animar as festinhas do bairro? Todo mundo sempre gostou tanto de você. A senhora costurava, pintava.
[*silêncio. O filho retoma*] E quando a gente desfilou no carnaval do Rio de Janeiro?
[*ri profundamente triste. O filho retoma*] Lembra quando você passou no vestibular de administração com 100% de bolsa e todo mundo fez um churrasco pra senhora?
Esses dias, a gente assou as carne pra você e a senhora nem colô no rango.
[*silêncio. O filho retoma*] Mã, posso cantar uma música pra você?

MACACO:
A Joselita logo pediu: Luiz Gonzaga!

Rompante: começa aqui um show bem de boteco popular do Centro da cidade.

O filho canta a música favorita da mãe: "Nem se despediu de mim", de Luiz Gonzaga.

Nem se despediu de mim.
Nem se despediu de mim.
Já chegou contando as horas, bebeu água e foi simbora, e nem se despediu de mim.
Já chegou contando as horas, bebeu água e foi simbora, e nem se despediu de mim.

MACACO:
E a Joselita sorriu!

Nem se despediu de mim.
Nem se despediu de mim.
Já chegou contando as horas, bebeu água e foi simbora, e nem se despediu de mim.
Já chegou contando as horas, bebeu água e foi simbora, e nem se despediu de mim.

JOSELITA:
Tu é besta, é?!?... E nem canta bem. Canta bem, não. Mas eu gostei. Eu gostei.

MACACO:
Aquela foi a última conversa entre mãe e filho.
Joselita de Souza, quarenta dias no hospital, sem alegria e comendo apenas sopa, morreu. Não aguentou a morte do caçula.
Quando a gente fala sobre o "genocídio negro" no Brasil, a gente sempre imagina que será uma figura negra, na maioria das vezes homens entre 20 e 30 anos, mortos pelas mãos do Estado brasileiro.
Mas e as mães? E as mães do genocídio negro?
E essas mães? E as mães do genocídio negro?
Quem fala delas, dessas mães?

Episódio 5: O samba da mãe brasileira

Essa cena é uma livre ironia baseada na canção "A nova loira do Tchan", do grupo É o Tchan!, famosa banda popular de axé dos anos 1990.

Luz na passarela que lá vem ela
Luz na passarela que lá vem ela
A mãe brasileira
É linda deixa ela entrar
É linda deixa ela entrar
É linda.

Tem 1,66 de cintura — ninguém a escuta
105 de bundinha — uma coisinha
1,60 de altura — vive sozinha
Mas que neguinha engraçadinha! — quase da família.

Ela é a mulher brasileira
Cuida de uma família inteira: um avião
Ela é a mulher brasileira
Ela é sua faxineira: um avião.

Abre a roda e deixa ela entrar
Quero ver quem vai dar o lugar
Abre a roda e deixa ela entrar
Quero ver o lugar de fala.

Sabe o porquê?
Ela é uma mulher faxineira
É a mulher brasileira — um avião

Agora em ritmo de rap.

Mãe brasileira, todo mundo sabe que você tem os seus filhos.
O seu marido tem dois empregos.
Todo mundo sabe que você acorda às cinco da manhã e prepara todos os filhos um a um para a escola. Todo mundo sabe que você bota eles pra comerem porque a perua vai passar. E
se não tiver perua, vai a pé.
Todo mundo sabe que você prepara a marmita pra ir pro trabalho. Todo mundo sabe que você espera o ônibus chegar. Todo mundo sabe que você paga caro no transporte. Todo mundo sabe que você tem que chegar na dona Patrícia até às oito porque você vai acordar os filhos dela, o Enzo e a Valentina, com um beijinho na cabeça e vai levar na mão os filhos dela pra escola.
Todo mundo sabe que você passa o dia limpando, costurando, polindo e criando a família alheia. E que você tem um sonho: Ir pra Disney!
Todo mundo sabe que lá pras cinco você vai pegar o filho da dona Patrícia na escola.

MÃE BRASILEIRA:
Como foi o dia, crianças? [*escuta a resposta*] Ai, que ótimo.

Daí a dona Patrícia chega. Todo mundo sabe que ela vai te dar uma bronca, mas que você vai sustentar. Porque você é guerreira, você tem fibra! Você é a mãe brasileira.
Todo mundo sabe que você vai chegar em casa e perguntar como foi o dia das suas crianças.

MÃE BRASILEIRA:
Ai, que ótimo. Fizeram a lição?

A CRIANÇA:
Mãe, quanto é 8 × 8?

A mãe brasileira silencia.

MÃE BRASILEIRA:
[*impaciente*] Eu vou perguntar pro Enzo, filho. Amanhã eu te falo.
Agora ó, está tarde, vai todo mundo dormir!!!

Mãe brasileira, todo mundo sabe que depois você vai fazer amor com o marido.
Vai saciar todo mundo. Pelos próximos 20, 30, 40, 50 anos.

Volta à canção.

Abre a roda e deixa ela entrar
Quero ver quem vai dar o lugar
Abre a roda e deixa ela entrar
Quero ver o lugar de fala

Mãe brasileira, ééé, eu tô satisfeito, vai, dança, arrebenta, arrepia, faz a cobra coral subir. É a tua vez, danada, arrebenta, valeeeeeu.

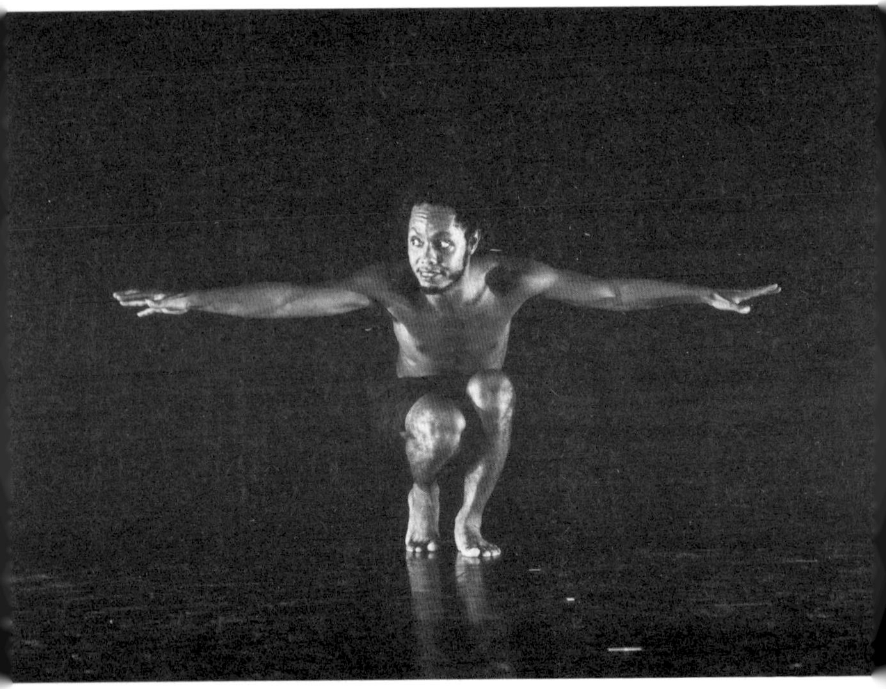

Episódio 6: Um beco qualquer

Esta cena é cotidiana e acontece em um beco qualquer. As falas do Macaco se referem diretamente às últimas frases ditas por homens negros antes de serem injustamente assassinados. Eles sempre acham que foram pegos por engano.

MACACO:
Moço. Moço. Por favor. Não faz isso comigo, não. Me escuta, moço. Moço, moço, por favor, moço, me escuta. O senhor está me confundindo. Eu tenho certeza disso. Tá me confundindo. Eu não sei do que o senhor está falando! Eu não consigo respirar, moço. Tô de chinelo, mas tô no meu bairro. Olha meu RG. Olha meu RG. Eu não consigo respirar, moço. Não faz isso comigo, não. Olha meu RG.
Meu nome é Claudia. Claudia Silva é meu nome. Eu sou auxiliar geral num hospital, moço. Eu não sou bandida, não. Isso na minha mão não é arma, é um café, é meu, moço. Moço, por favor, moço. Você vai arrastar meu corpo por 300 metros na avenida Brasil, ao meio-dia, moço. Por favor. Não consigo respirar. Amarildo. Amarildo Souza é meu nome. Meu nome é Amarildo. Eu sou pedreiro, moço. Pedreiro, eu sou pedreiro, moço. Você vai vir aqui no Alemão, pegar meu corpo e vai desaparecer comigo pra sempre, moço. Faz isso, não. Moço. Por favor, veja meu RG. Veja meu RG. Eu não sei do que você tá falando, moço. O senhor está me confundindo, moço. Genivaldo. Genivaldo. Eu sou o Genivaldo. Por favor, não fecha o capô, não fecha o capô. Não joga uma bomba aqui dentro do carro comigo dentro. Por favor. Eu não consigo respirar. Eu não consigo respirar. Alguém me ajuda. Agatha. Agatha. Eu sou a Agatha, moço. Meu sonho

é só brincar de ser a Mulher Maravilha. Por favor, moço. Posso chegar em casa?

Tempo.

MACACO:
O genocídio da população negra é capaz de contar a história do país desde o início da nação até os dias de hoje.
Até quando?

Episódio 7: Uma aula que você não teve

Neste episódio, teremos uma aula de história.

O homem negro utiliza um batom vermelho como giz e seu corpo como uma lousa, refazendo o mapa histórico da colonização brasileira. O traço ao longo da cena é livre.

MACACO:

Já que estamos aqui, juntos, falando da formação do nosso país, eu acho esse momento muito propício para falarmos da nossa própria história.

Neste momento da peça, teremos uma aula de história que ainda não tivemos a chance de assistir na escola. Estes dados são reais e a aula será dividida em quatro partes.

Parte um: Farinha muita, o pirão deles primeiro

Quando eu era criança e estava na escola pública, sempre sentia muita vergonha nas aulas de história quando o assunto era *O Brasil Colonial*. Eu não conseguia entender. Foram trezentos e muitos anos que eles encaixotaram em aulas de quarenta minutos, em que os escravizados eram postos como agressivos e os indígenas, preguiçosos.

A partir disso, eu decidi recontar a História do Brasil através do olhar de um homem negro.

Nós sabemos que desde a chegada dos portugueses ao Brasil até os dias de hoje, passaram 521 anos. Desses 521 anos, 388 anos foram somente de escravidão.

Esse período é o que eu chamo de *farinha-muita-e-o-pirão-deles-primeiro*, ou também:

Período Colonial.

Quando uma nação pretende colonizar um território, essa nação colonizadora rapidamente se preocupa em introjetar características fortes e próprias de suas raízes, por exemplo, a cultura, a tradição alimentar ou o idioma.

Veja o caso do Brasil: nós falamos o idioma do colonizador.

Quando a Inglaterra colonizava um território, ela rapidamente se preocupava em construir universidades, para que os colonizados falassem rapidamente o seu idioma.

Os Estados Unidos, por sua vez, eram uma colônia de povoamento, portanto, no período colonial norte-americano, quem ia para lá, ia com o principal foco de povoar.

O Brasil foi uma colônia de exploração, portanto, quem veio, veio com foco de explorar.

Quando os portugueses chegaram no Amazonas, eles encontram tribos vivendo na beira dos igarapés, dos rios, e pouco tempo depois prenderam esse povo.

Parte dos indígenas correu mata adentro.

Os colonizadores, por sua vez, não dominavam os caminhos da floresta pra seguir quem fugia, e é aí que surge no Brasil a figura do *capitão do mato*. Um nativo que, ludibriado pelas ideias da corte de um futuro melhor, dinheiro e segurança, precisava entrar na mata, encontrar seus irmãos de terra e entregar todos para a corte.

E assim aconteceu.

Quando os portugueses acessaram aquela diversidade indígena brasileira, eles rapidamente os misturaram, separaram aqueles grupos em lotes e os espalharam Brasil afora já na condição de escravizados.

Quando a corte chegou no Ceará, eles acreditaram ter encontrado o lugar ideal: *proximidade litorânea e solo muito fértil*. Porém, o que os portugueses não contavam é que o Ceará reservaria longos períodos de intensas secas. Num desses períodos, os portugueses perceberam que era preciso abandonar o estado cearense com toda a população portuguesa e a escravizada. Mas não havia barco para todos.

Então, a corte portuguesa resolveu pedir ajuda aos jangadeiros locais para essa travessia, até que um jangadeiro, chamado Francisco José do Nascimento, diz: *Não. Não vou fazer a travessia de escravizados na minha jangada.*

A atitude de Francisco José do Nascimento fez com que outros jangadeiros da costa litorânea brasileira se colocassem contra a corte portuguesa, enfraquecendo assim a escravidão 11 anos antes de seu fim, com a assinatura da Lei Áurea.

É importante darmos nomes às coisas.

O nome desse jangadeiro era *Francisco José do Nascimento* — o Chico.

Você aí, sabe como ele é conhecido atualmente pela história brasileira?

Tempo.

Dragão do Mar.

Diferentemente da escravidão da cidade de São Paulo, que era considerada mais urbanizada, ou seja, onde escravizados faziam suas funções pelas cidades em prol dos escravocratas, no Rio de Janeiro os escravizados ficavam, em sua maioria, confinados nas fazendas pelos portugueses.

É aí que a ideia de *clientelismo* começa a surgir no Brasil, ou seja, te trato bem se você fizer o que eu mando.

É daí também que surgem as punições e torturas. Torturas como injeção de terra e arrancamento de dentes, unhas e olhos foram práticas muito comuns e desenvolvidas no solo carioca.

Quando a corte chega em São Paulo, são mais objetivos:

Chegam pelo litoral. Desmatam a serra. Chegam no topo da cidade. Levantam uma igreja. Rezam uma missa. Amém. Todos salvos.

A memória da escravidão está viva e escondida na arquitetura da cidade de São Paulo, o que podemos chamar aqui de *arquitetura do poder*.

Próximo ao marco zero da cidade de São Paulo, a praça da Sé, está a praça João Mendes, que tem de um lado o Fórum João Mendes e, de outro, um espaço com um prédio que, atualmente, é de um banco, mas no passado colonial era uma prisão. Portanto, os escravizados eram julgados de um lado, no Fórum, e presos de outro.

A praça João Mendes é atualmente bastante aberta. E isso não é à toa.

Ali, ficava o pelourinho, estaca de madeira onde os negros escravizados ficariam presos e amordaçados pelos pés ou pelas mãos, para serem chibatados. Em praça pública.

Desconfio se, pelo fato de serem julgados de um lado e presos de outro, mas antes chibatados em praça pública, se isso não se tratava de um evento público, quase como um entretenimento social.

Até hoje, está lá a mesma arquitetura de poder.

Parte dois: Segurança Pública

É muito importante falarmos sobre como foi o surgimento da Segurança Pública no Brasil.

Sabe quando a sua mãe pedia pra você não sair de casa sem o RG? Sabe de onde vem esse pensamento?

Em 1808, a França, poderosa e influente nação do século XIX, queria expandir os seus domínios. No entanto, para o imperador francês, a Inglaterra era o principal entrave para o desenvolvimento e o domínio econômico na Europa. Estou falando da França de Napoleão Bonaparte: um metro e meio de muito abuso e poder. Napoleão Bonaparte tinha uma fama: onde invadia, vencia. O modo que Bonaparte encontrou para paralisar a Inglaterra foi promover um bloqueio econômico, ou seja, ninguém poderia comercializar com os ingleses e, assim, Napoleão avançaria seu domínio pelo velho continente. Quem não aderisse ao bloqueio teria o seu reino invadido pelas tropas napoleônicas. Como Portugal não andava muito bem de suas economias e já havia recebido empréstimos dos ingleses, a nação de Dom João VI furou o bloqueio francês e seguiu sua forte parceria com a Inglaterra, o que irritou profundamente as tropas napoleônicas. Napoleão decide, então, invadir Portugal que, embora tenha sido muito poderosa séculos antes devido ao seu expansionismo marítimo, diante das ameaças francesas, teve a sua melhor ideia: fugir.

Assim, a família real vem para o Brasil.

O Brasil se tornaria, então, a única nação colonizada na qual a corte colonizadora viria a fazer morada.

Quando a corte portuguesa chega ao Brasil, traz uma figura responsável pela segurança *particular* da família real: este é *Paulo Fernandes Viana*.

O cargo de Paulo Fernandes Viana tinha como foco a segurança particular dos príncipes regentes: dom Pedro I e, mais tarde, dom Pedro II. Guardem essa informação.

Pouco tempo se passou, até que Paulo Fernandes Viana ganhou mais confiança da família real. E recebe um cargo por isso: *Intendente do Poder da Polícia da Corte e do Estado do Brasil.*

Vale repetir: Intendente, ou seja, *magistrado superior da polícia,* do Poder da Polícia da Corte e do Estado do Brasil.

Essa função, hoje em dia, seria uma mistura de prefeito com secretário de segurança pública e juiz.

Paulo Fernandes pede então à corte um prédio para concentrar a organização das suas ideias e ações de Segurança Pública. Dom João VI, rei de Portugal, o próprio, assina o decreto, liberando a construção desse prédio. Nascia, ali, o primeiro gene da Polícia Militar brasileira. O prédio é o mesmo no Centro do Rio de Janeiro. E prédios coloniais, até hoje, abrigam essa instituição.

Anos depois, os príncipes regentes se tornam adultos. Dom Pedro I morre.

Por intrigas internas e confabulações, agora contra dom Pedro II, Paulo Fernandes Viana é demitido pela corte portuguesa no Brasil, ficando completamente desnorteado, já que era ele quem desenvolvia a Segurança Pública do Estado.

Um novo e jovem major, com cerca de 30 anos, é colocado em seu lugar.

Paulo Fernandes Viana rapidamente se aproxima desse major e divide com ele todas as suas ideologias de Segurança Pública. Não contente, ele casa sua filha Anica com esse major. Anica era uma garota de 16 anos. Dois meses depois, Paulo Fernandes Viana morre.

Esse jovem major segue todos os conselhos de Segurança Pública de Paulo Fernandes Viana. Anos depois, o jovem oficial ganha a confiança da corte, que lhe dá uma condecoração especial: duque. O primeiro e único duque no país: *duque de Caxias*.

Que seria mais tarde conhecido como *exterminador de escravizados*.

Parte 3: As Leis de Educação no Brasil

Há uma informação que gostaria de trazer para esta aula, que é sobre as Leis de Educação no Brasil, as quais surgem por volta de 1827. Aqui no Brasil, no início da colonização, ainda não existia a ideia de sala de aula, o que não quer dizer que não havia aulas. O eixo central do ensino era a catequese, ou seja, a importância de Deus na vida de homens e mulheres.

Mas entre 1700 e 1800, os filhos dos oligarcas, trazidos com seus pais para o Brasil no processo de colonização, também queriam estudar, e eles, somente eles, poderiam estudar, além de catequese, biologia, física, química, português, latim e matemática. O grande intuito era fazer com que esses filhos pudessem aprender e se letrar para voltar a Portugal e estudar na grande Universidade de Coimbra. Para isso, esses pais oligarcas trouxeram de Portugal mentores para dar aulas a esses filhos.

É apenas com a oficialização da primeira lei de educação no Brasil que o Estado brasileiro se manifesta quanto a uma educação popular:

O ESTADO REPUBLICANO:
Tudo bem. O povo, isto é, homens pretos, mulheres pretas e pobres em geral, pode estudar. Só não pode estudar medicina, engenharia, direito e administração.

Havia matérias e profissões específicas que o povo poderia estudar: ditas por leis, essas matérias só poderiam estar conectadas a profissões não regularizadas, ou seja, costureiras, motoristas, pintores, cobradores, encanadores. Essa lei dizia, ainda, que não poderia haver especialização para essa classe, ou seja, um encanador não poderia se especializar para ter a noção da obra inteira tornando-se um engenheiro no futuro, ele deveria ficar restrito ao ensino básico recebido.

Sabe o que essa lei fez com o povo brasileiro e que reverbera até os dias de hoje?

Arrisque um chute.

Essa lei garantiu que pobres, pretos, pretas e mulheres não poderiam ter ascensão social a partir da educação recebida.

Importante ressaltar que esses mentores trazidos ao Brasil para preparar os filhos dos oligarcas não tinham salas de aula para trabalhar, já que, como dito anteriormente, não havia esse conceito arquitetônico. Logo, eles precisavam dar as aulas em suas casas e, portanto, a *falta de espaço formal para a educação e a formação de profissionais no país são problemas ancestrais da nação.*

Agora estamos em 1889. Portugal ainda está sendo ameaçado pela França. Junto com o Brasil, Portugal e Inglaterra foram as últimas nações a abandonar o tráfico negreiro.

Um ano antes, a Lei Áurea foi assinada pela princesa Isabel.

Verdade seja dita: a oligarquia brasileira ficou extremamente irritada pelo fim da escravidão no Brasil, afinal, o tráfico negreiro era o comércio mais lucrativo da época.

Qual foi a melhor ideia da oligarquia?

Dar um golpe.

A oligarquia dá o golpe na monarquia portuguesa, que é jogada para fora do Brasil.

Quando dom Pedro II descobre que a oligarquia brasileira havia se reunido bradou:

DOM PEDRO II:
Brasileiros reunidos??? Não vai dar em nada.

Pouco tempo depois, a corte foi expulsa de nossa nação.

Missões oficiais em alto-mar, do próprio oceano já voltaram a Portugal, na condição de expulsos.

É nessa fase que Carlota Joaquina, nas areias de Copacabana, tira os sapatos, bate um no outro e vocifera:

CARLOTA JOAQUINA:
Mande guardar minhas joias! Aqui o sabiá não canta! Cocheiro, recolha às pressas as minhas joias de Ouro Preto! Pretinhos, obrigado por tudo!
Vou-me embora. Desta terra não levo nem o pó!

(Este excerto de Carlota Joaquina é uma liberdade poética, uma vez que a esposa de dom João VI foi embora do Brasil em 1820 por declarado ódio e desgosto de nossas terras.)

Uma figura foi escolhida pelos oligarcas para proclamar o golpe: o *marechal Deodoro da Fonseca*. Ele mesmo: nome de ruas, avenidas, pontes, estradas e metrôs.

Na verdade, o marechal Deodoro não queria dar o golpe, ele trabalhava para a monarquia, que, uma vez expulsa, não lhe restou muito a não ser tornar-se companheiro dos oligarcas. Oligarquia essa que, na época, já era armada.

Diferentemente do que todo mundo acha, o marechal Deodoro, que proclamou o golpe, não era um homem do alto escalão do exército, forte, viril, em cima de um cavalo. Ele era na verdade baixinho, velho, cansado, e não queria apoiar golpe algum.

Diferentemente do que todo mundo acha, o marechal Deodoro não passou o dia bradando o golpe, ele fez um breve aviso, e pela noite.

Você sabe me dizer que aviso foi esse que o marechal Deodoro fez? Arrisque um chute.

Foi a *Proclamação da República no Brasil*. Que já nascia, então, em caráter de golpe.

Historiadores dizem que o povo brasileiro é um dos poucos povos que não vão às ruas com fervor no dia da Proclamação da República, que no nosso país é proclamado em qual dia? Arrisque um chute.

15 de Novembro.

No dia seguinte ao golpe, a imprensa dizia: "A população assistiu abismada ao golpe da oligarquia. O povo brasileiro se calou diante desse movimento." Nada foi dito, afinal de contas, a República, palavra derivada do latim que significa *"coisa do povo ou assunto público"*, não nascia no Brasil em caráter popular. E isso ficou grudado em nossa carne.

Até hoje.

Em 1889, o marechal Deodoro da Fonseca convoca todo o povo brasileiro a participar de um concurso: a escolha do Hino da República.

O hino vencedor é *Liberdade! Liberdade! Abre as asas sobre nós!*.

No Hino da República do Brasil há um trecho que fala especificamente sobre a escravidão. Você saberia me dizer que parte é essa? Arrisque um chute.

Tempo. Canta o trecho do Hino da República para o público, em resposta ao comum silêncio.

Nós nem cremos
Que escravos outrora
Tenham havido
Em tão nobre país
Hoje o rubro
Lampejo da aurora
Acha irmãos,
Não tiranos hostis!
Somos todos iguais, ao futuro.

Se o Hino da República do Brasil, escrito e oficializado apenas um ano após o fim da escravidão, não reconheceu os 388 anos anteriores de escravidão, então eu posso afirmar:

A Liberdade! Liberdade! que abre as asas sobre nós: é branca.

Se o Hino da República não acredita na existência de escravizados no país, então entendo o porquê de muitas pessoas dizerem que a escravidão no Brasil não existe.

Nós não podemos ser todos iguais perante o futuro quando nós percebemos que não sabemos de nossa história.

Nós não podemos ser todos iguais perante o futuro quando estamos ainda pedindo por segurança pública.

Nós não podemos ser todos iguais perante o futuro quando tudo vem através de golpe.

Nós não podemos ser todos iguais perante o futuro quando a educação surge no país excluindo parte da população.

Nós não podemos ser, e não somos, todos iguais perante o futuro quando a primeira Lei de terras diz que todos podem ter uma terra nessa nação, especialmente os europeus que, fugidos de guerra, vieram morar na nação, menos os pretos poderiam pertencer a algum pedaço de terra.

Nós não podemos ser todos iguais perante o futuro quando no teatro, que tem cerca de 7 mil anos, ainda assusta quando o negro encontra sua expressão na arte.

Vocês ainda estão acompanhando?

Agora em 1889, com hino e proclamação, temos oficializado *O Período Republicano*, que é dividido em três partes: *República Velha, República Populista e Nova República* — a nossa atual República. Entre cada uma delas, já tivemos duas ditaduras: A Era Vargas e a Ditadura Civil-Militar.

Somente após a Ditadura Militar é que começamos a pensar no conceito de *democracia*: Isto é, *DEMO*, do grego, povo, e *CRACIA, cratia, cratus*, ou seja, poder.

O poder do povo. Isso surgiu no Brasil em 1985, e tem quase 40 anos, apenas.

Se fizermos uma rápida divisão entre 388 anos de escravidão divididos por 521 anos de Brasil, teremos cerca de 69% da nossa história pautada em escravidão.

Se dividirmos cerca de 40 anos de democracia por 521 anos de Brasil, teremos apenas 7% da nossa história pautada em democracia.

Os números não param por aí.

A cada 23 minutos, uma pessoa negra será assassinada em nosso país; a cada duas horas, cinco mulheres serão violentadas; durante certo período da colonização, o Brasil teve cerca de três escravizados para cada senhor de fazenda; o Brasil mata mais pessoas por arma de fogo do que a guerra na Síria; Brasil, Estados Unidos da América, México, Colômbia, Venezuela e Guatemala são os países que mais matam por armas de fogo no mundo, e, juntos, não somam 10% em números de pessoas da população mundial, mas, ainda assim, somam mais de 50% de mortes no mundo; nos últimos anos, cerca de duzentas escolas quase foram fechadas e, no mesmo período, a intenção era abrir mais de mil celas; nos últimos 90 anos, somente cinco presidentes finalizaram seu mandato: um sofreu golpe, outro se suicidou para evitar o golpe, os outros dois renunciaram diante do golpe, e, por último, nossa primeira presidenta escolhida democraticamente sofreu um impeachment numa manobra completamente duvidosa, a qual os mesmos que pediram o impeachment, anos depois, admitiram: *se tratou de um golpe.*

Em caso de montagem, todos os dados acima podem ser atualizados.

Episódio 8: Um juramento

Eu gostaria de fazer um juramento junto com vocês. Mão direita levantada:

1. Prometo não mais falar escravos. E sim escravizados.

Ninguém nasce escravo, eles são colocados na condição de escravos.

2. Prometo não mais acreditar no livro de história que diz que negros e indígenas eram preguiçosos.

Eles eram assassinados diante de qualquer um no meio da praça.

3. Prometo não sair da calçada quando um homem negro estiver a caminho.

Foi criado no nosso imaginário de que o cidadão preto é perigoso e ladrão.

4. Prometo sentar ao lado de um negro ou de uma negra dentro do ônibus.

5. Prometo saber que a escravidão brasileira não acabou por viés humanitário e sim econômico.

Afinal, se não fosse a resistência negra, as pressões internacionais de invasão e bloqueios econômicos, o Brasil não teria abandonado o tráfico negreiro.

Então eu tenho uma pergunta para vocês. Vocês acham que o Brasil é um país genuinamente democrático?

Tempo de escuta.

Episódio 9: Um recadinho

Se você acha que sim ou se você acha que não, lembre-se de avisar isso pro seu pai, pra sua irmã, pra sua tia, pro seu filho, pro seu vizinho, pro seu irmão, pro seu *crush*, pra sua professora, pra sua dentista, avisa pro seu médico e pro seu aluno. Pede pra eles deixarem essa gente que gosta de hip hop rap funk samba soul e blues em paz. Peça para eles deixarem essa gente que inventou a feijoada e a caipirinha em paz. Pede pra eles deixarem essa gente que não tem classe pra lá.

O dia que essa gente perceber que está em paz, daí quem sabe elas entrarão no seu rebanho. Claro! Umas ovelhinhas sempre muito bonitas, doces, agradáveis, brancas, belas e felpudas e outras ovelhinhas que devem sempre ser subjugadas: *Não reclamem da crise! Trabalhem.*

O dia que essas ovelhinhas perceberem o lugar que está reservado pra elas [*começa a balir*], elas vão começar a se comunicar [*começa a balir mais alto*] e vão começar a trocar informações [*balir mais alto, mais alto*] e vão perceber a força que têm juntas [*mais alto, mais alto, mais alto*] e vão querer se vingar da ovelha-maestro!

Elas vão pegar o corpo dessa ovelha e vão correr com ele ao meio-dia, no meio da avenida Brasil, até a pele descolar dos ossos. Quando a pele descolar, [*como uma ordem militar*] jogue o corpo na vala!

Porque, no Brasil, se não tem corpo, não tem crime.

Mas vocês gostariam de saber como chamarão as ovelhinhas que tentaram fazer a Revolução Social? Vocês gostariam de saber como chamarão as ovelhinhas que tentaram fazer a Revolução por vocês? Arrisque um chute.

[*em tom de resposta*] MACACOS! MACACOS! MACACOS! MACACOS! MACACOS! MACACOS! MACACOS! MACACOS! MACACOS! MACACOS! MACACOS! MACACOS! MACACOS! MACACOS! MACACOS!

O intérprete entra vagarosamente num processo de animalização e vai se transformando brutalmente no MACACO *primata e selvagem, que tenta, por sua vez, fugir para todos os cantos do palco sem sucesso. Sons de sirene aumentam. Giroflex. Há uma mira de luz no* MACACO. *Som de estampido.*

Blackout.

Fim.

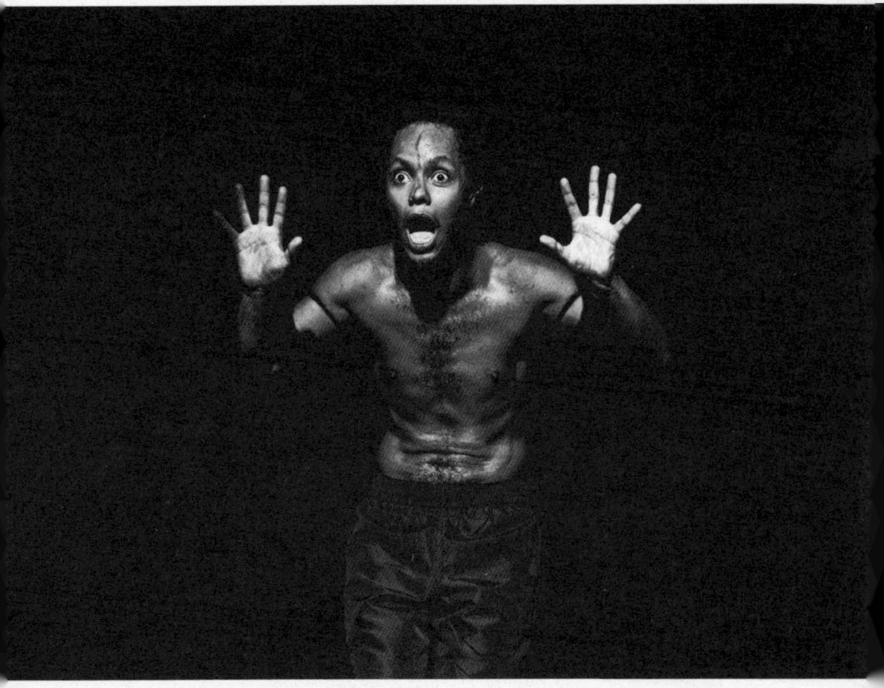

Nascido para brilhar

Nascimento está aí.

Para provar que está vivo.

E é difícil estar vivo.

Cada morte de um jovem negro. Cada morte de um homem negro. Uma mulher negra. Nascimento morre com eles. Morre com elas.

E não é de número que se fala.

Nem de estatísticas.

É de gente que este texto fala. Grita.

MACACOS nos dá uma aula de história. De múltiplas narrativas. Mostra onde o Brasil desumanizou o Brasil. Onde o mundo girou só para um lado.

Nascimento são vários ovários.

Mães chorando os seus filhos e filhas.

Nascimento não para. Em cena, espuma. Corre. Foge. Escapole. É polícia e é ladrão. O berro e a aberração. É o ser que sofre e o ser que sorve. É o sonhador. O chão.

Nascimento é Clayton Nascimento.

Ator. Dramaturgo. Diretor.

Não escreveu esta peça. Ele "inscreveu". No sentido de "levantar" uma linguagem. "Inaugurar" uma voz no próprio corpo. No cerne da carne. Reflorestar na flor da pele um sentimento perdido. Um antigo espinho.

Um recadinho. Eis o aviso: tinha uma fera no meu caminho.

Se o tratam como animal, ele vira bicho.

Um assassino no palco. Com um Machado na mão, ele Lima. Ao lado dele, seus companheiros de geração. Clayton é da mesma cria de artistas que Jhonny Salaberg e Naruna Costa e Lucas Moura e Jé Oliveira e Rodrigo França e Roberta Estrela D'Alva.

Não é da paz. E não está sozinho.

Quando sobe ao palco, sobe uma ladeira inteira. Escala uma escada. Atravessa uma floresta sem medo. A(s)cende com ele toda uma constelação.

"O macaco pode ser uma estrela."

É uma peça, esta, sobre "escolher ser".

"Ser e sonhar."

Nascimento nasceu para isto. E está mais vivo do que nunca. Vai encarar?

Marcelino Freire

Cuidem de suas mães.

CIP-BRASIL. CATALOGAÇÃO NA PUBLICAÇÃO
SINDICATO NACIONAL DOS EDITORES DE LIVROS, RJ

N194m

Nascimento, Clayton

Macacos : monólogo em 9 episódios e 1 ato / Clayton Nascimento. - 1. ed. - Rio de Janeiro : Cobogó, 2022.

(Dramaturgia)

ISBN 978-65-5691-075-8

1. Teatro brasileiro. I. Título. II. Série.

22-78619 CDD: 869.2
     CDU: 82-2(81)

Gabriela Faray Ferreira Lopes - Bibliotecária - CRB-7/6643

© Editora de Livros Cobogó, 2022

Editora-chefe
Isabel Diegues

Editora
Valeska de Aguirre

Gerente de produção
Melina Bial

Assistente de produção
Carina Faleiro

Revisão final
Eduardo Carneiro

Projeto gráfico de miolo e diagramação
Mari Taboada

Projeto gráfico e ilustração de capa
Rafael Cristiano

Fotografias
Julieta Bacchin, pp. 18, 61
Rafael Cristiano (colagem), p. 26
Noelia Nájera, p. 40

Todos os direitos reservados à
Editora de Livros Cobogó Ltda.
Rua Gen. Dionísio, 53, Humaitá
Rio de Janeiro – RJ – Brasil – 22271-050
www.cobogo.com.br

COLEÇÃO DRAMATURGIA

ALGUÉM ACABA DE MORRER LÁ FORA, de Jô Bilac

NINGUÉM FALOU QUE SERIA FÁCIL, de Felipe Rocha

TRABALHOS DE AMORES QUASE PERDIDOS, de Pedro Brício

NEM UM DIA SE PASSA SEM NOTÍCIAS SUAS, de Daniela Pereira de Carvalho

OS ESTONIANOS, de Julia Spadaccini

PONTO DE FUGA, de Rodrigo Nogueira

POR ELISE, de Grace Passô

MARCHA PARA ZENTURO, de Grace Passô

AMORES SURDOS, de Grace Passô

CONGRESSO INTERNACIONAL DO MEDO, de Grace Passô

IN ON IT | A PRIMEIRA VISTA, de Daniel MacIvor

INCÊNDIOS, de Wajdi Mouawad

CINE MONSTRO, de Daniel MacIvor

CONSELHO DE CLASSE, de Jô Bilac

CARA DE CAVALO, de Pedro Kosovski

GARRAS CURVAS E UM CANTO SEDUTOR, de Daniele Avila Small

OS MAMUTES, de Jô Bilac

INFÂNCIA, TIROS E PLUMAS, de Jô Bilac

NEM MESMO TODO O OCEANO, adaptação de Inez Viana do romance de Alcione Araújo

NÔMADES, de Marcio Abreu e Patrick Pessoa

CARANGUEJO OVERDRIVE, de Pedro Kosovski

BR-TRANS, de Silvero Pereira

KRUM, de Hanoch Levin

MARÉ/PROJETO BRASIL, de Marcio Abreu

AS PALAVRAS E AS COISAS, de Pedro Brício

MATA TEU PAI, de Grace Passô

ÃRRÃ, de Vinicius Calderoni

JANIS, de Diogo Liberano

NÃO NEM NADA, de Vinicius Calderoni

CHORUME, de Vinicius Calderoni

GUANABARA CANIBAL, de Pedro Kosovski

TOM NA FAZENDA, de Michel Marc Bouchard

OS ARQUEÓLOGOS, de Vinicius Calderoni

ESCUTA!, de Francisco Ohana

ROSE, de Cecilia Ripoll

O ENIGMA DO BOM DIA, de Olga Almeida

A ÚLTIMA PEÇA, de Inez Viana

BURAQUINHOS OU O VENTO É INIMIGO DO PICUMÃ, de Jhonny Salaberg

PASSARINHO,
de Ana Kutner

INSETOS, de Jô Bilac

A TROPA, de Gustavo Pinheiro

A GARAGEM, de Felipe Haiut

SILÊNCIO.DOC,
de Marcelo Varzea

PRETO, de Grace Passô,
Marcio Abreu e Nadja Naira

MARTA, ROSA E JOÃO,
de Malu Galli

MATO CHEIO, de Carcaça
de Poéticas Negras

YELLOW BASTARD,
de Diogo Liberano

SINFONIA SONHO,
de Diogo Liberano

SÓ PERCEBO QUE ESTOU
CORRENDO QUANDO VEJO QUE
ESTOU CAINDO, de Lane Lopes

SAIA, de Marcéli Torquato

DESCULPE O TRANSTORNO,
de Jonatan Magella

TUKANKÁTON + O TERCEIRO
SINAL, de Otávio Frias Filho

SUELEN NARA IAN,
de Luisa Arraes

SÍSIFO, de Gregorio Duvivier
e Vinicius Calderoni

HOJE NÃO SAIO DAQUI,
de Cia Marginal e Jô Bilac

PARTO PAVILHÃO,
de Jhonny Salaberg

A MULHER ARRASTADA,
de Diones Camargo

CÉREBRO_CORAÇÃO,
de Mariana Lima

O DEBATE, de Guel Arraes
e Jorge Furtado

BICHOS DANÇANTES,
de Alex Neoral

A ÁRVORE, de Silvia Gomez

CÃO GELADO,
de Filipe Isensee

PRA ONDE QUER QUE EU
VÁ SERÁ EXÍLIO,
de Suzana Velasco

DAS DORES, de Marcos Bassini

VOZES FEMININAS — NÃO EU,
PASSOS, CADÊNCIA,
de Samuel Beckett

PLAY BECKETT — UMA PANTOMIMA
E TRÊS DRAMATÍCULOS (ATO SEM
PALAVRAS II | COMÉDIA/PLAY |
CATÁSTROFE | IMPROVISO DE OHIO),
de Samuel Beckett

MACACOS — MONÓLOGO
EM 9 EPISÓDIOS E 1 ATO,
de Clayton Nascimento

A LISTA, de Gustavo Pinheiro

SEM PALAVRAS,
de Marcio Abreu

CRUCIAL DOIS UM,
de Paulo Scott

MUSEU NACIONAL
[TODAS AS VOZES DO FOGO],
de Vinicius Calderoni

KING KONG FRAN,
de Rafaela Azevedo e Pedro Brício

PARTIDA,
de Inez Viana

COLEÇÃO DRAMATURGIA ESPANHOLA

A PAZ PERPÉTUA, de Juan Mayorga | Tradução Aderbal Freire-Filho

ATRA BÍLIS, de Laila Ripoll | Tradução Hugo Rodas

CACHORRO MORTO NA LAVANDERIA: OS FORTES, de Angélica Liddell | Tradução Beatriz Sayad

CLIFF (PRECIPÍCIO), de José Alberto Conejero | Tradução Fernando Yamamoto

DENTRO DA TERRA, de Paco Bezerra | Tradução Roberto Alvim

MÜNCHAUSEN, de Lucía Vilanova | Tradução Pedro Brício

NN12, de Gracia Morales | Tradução Gilberto Gawronski

O PRINCÍPIO DE ARQUIMEDES, de Josep Maria Miró i Coromina | Tradução Luís Artur Nunes

OS CORPOS PERDIDOS, de José Manuel Mora | Tradução Cibele Forjaz

APRÈS MOI, LE DÉLUGE (DEPOIS DE MIM, O DILÚVIO), de Lluïsa Cunillé | Tradução Marcio Meirelles

COLEÇÃO DRAMATURGIA FRANCESA

É A VIDA, de Mohamed El Khatib | Tradução Gabriel F.

FIZ BEM?, de Pauline Sales | Tradução Pedro Kosovski

ONDE E QUANDO NÓS MORREMOS, de Riad Gahmi | Tradução Grupo Carmin

PULVERIZADOS, de Alexandra Badea | Tradução Marcio Abreu

EU CARREGUEI MEU PAI SOBRE MEUS OMBROS, de Fabrice Melquiot | Tradução Alexandre Dal Farra

HOMENS QUE CAEM, de Marion Aubert | Tradução Renato Forin Jr.

PUNHOS, de Pauline Peyrade | Tradução Grace Passô

QUEIMADURAS, de Hubert Colas | Tradução Jezebel De Carli

COLEÇÃO DRAMATURGIA HOLANDESA

EU NÃO VOU FAZER MEDEIA, de Magne van den Berg | Tradução Jonathan Andrade

RESSACA DE PALAVRAS, de Frank Siera | Tradução Cris Larin

PLANETA TUDO, de Esther Gerritsen | Tradução Ivam Cabral e Rodolfo García Vázquez

NO CANAL À ESQUERDA, de Alex van Warmerdam | Tradução Giovana Soar

A NAÇÃO — UMA PEÇA EM SEIS EPISÓDIOS, de Eric de Vroedt | Tradução Newton Moreno

2024

4ª reimpressão

Este livro foi composto em Calluna.
Impresso pela BMF Gráfica e Editora,
sobre papel Pólen Bold 70g/m².